尾道ねこ町さんぽ道

柏木きなこ
kinako kashiwagi

こんにちは
広島在住
アラフォー
おひとりさま
きなこです
愛犬レオ
イラストや
まんがなどを描いて
暮らしています
10数年前 初めて
尾道・千光寺《せんこうじ》公園の
桜を見に行って
尾道のトリコに
なりました
桜もキレイ
だけど
それ以上に
町の雰囲気が
ステキ!!
その後も
訪れるたびに
新しいカフェが
できてる♡
この路地
初めて通る♪
何があるかな
小さな趣味の博物館
ひょい
新たな発見を
しています

尾道駅
広島駅
尾道は広島の東に位置しています
広島から電車で約90分！
海があって 港があって
石畳の坂道
歴史ある古寺
いいながめ!!
ひなたぼっこしてるねこ
うと
うと
ほんわっ

最近は しまなみ海道を
渡るサイクリングの
聖地にもなっています
県営 2号
観光地 観光地していない
生活感のある懐かしい町並みや
チャイダー
古民家をリノベーションした
オシャレなカフェもたくさん
できています
古いものと
新しいものが
共存してる
感じがいい♡
おいしい尾道グルメも外せません
尾道ラーメン
プリン
アイスモナカ

ゆっくりとした
時間が流れる尾道
穏やかな海を
眺めながら
時間を忘れて
ボーっとするのも
好きです
手づくりアイスクリーム　からさわ
はっ
寝てた！
そんな尾道を
ぶらり散歩しながら
紹介していきたいと
思います！

尾道ぶらりさんぽマップ
西國寺
ons cafe
御袖天満宮
艮神社
大山寺
茶房
こもん
キツネ雨
今川玉香園茶舗
浄土寺
海龍寺
いわべぇ
あくびカフェー
おのみち
映画資料館
ねこカフェ
新尾道大橋

展望台
文学のこみち
千光寺
ポンポン岩
千光寺
ロープウェイ
空猫カフェ
みはらし亭
ネコノテ
パン工場
LOG
猫の細道
招き猫
尾道ガウディ
ハウス
志賀直哉旧居
文学記念室
丁寧寺
持光寺
さくらカフェ
宝土寺
活版カムパネルラ
尾道駅
芙美子像
林芙美子記念館
ゆーゆー
おやつと
やまねこ
からさわ
尾道ラーメン たに
パンのなる木
こめどこ食堂
ONOMICHI U2
グリーンヒルホテル
尾道
福本渡航
U2
尾道港
向島

CONTENTS

坂道ぶらりさんぽ
〜千光寺からレトロな商店街まで〜
ono michi

ONOMICHI 尾道駅 STATION
尾道ラーメン
尾道に着いて
まず目に入るのが…
尾道ブルー！
今回は
尾道定番コース、
千光寺と商店街を
めぐります
千光寺には
ロープウェイで！
山側
千光寺
ロープウェイのりば
現在地
尾道駅
尾道商店街
海側

ロープウェイ乗り場までは徒歩で15分ですが――
山側の路地を散策しながら向かうのがオススメ
郷愁を誘う町並み
なごむ～
あ…
ぐうーっ
腹ごしらえに「尾道焼き」をいただきましょう
商店街の中にある広島風お好み焼き店「いわべぇ」
いわべえ
KIRIN LAGER BEER

「尾道焼き」は砂ズリとイカ天が入った広島風お好み焼き
砂ズリがコリコリして生地がふんわりしておいしい!!
まいど〜
ごちそうさまでした!
いよいよ千光寺へ!
千光寺山ロープウェイ
観光安内所
ようこそ
千光寺は尾道のシンボル的存在「玉の岩」や「三重岩」などの巨岩や奇岩は必見です

ロープウェイを降りたら
「文学のこみち」
岩の間を
抜けると…
せまりくる
岩!!
千光寺です
千光寺本堂

千光寺からは尾道水道を望むことができます
いい眺め〜っ気持ちいい!!
〝日本の音風景百選〟に選ばれた鐘楼《しょうろう》
「玉の岩」
その昔 岩の頂に光る玉があり あたりを照らしていたという言い伝えがあります
まんがのネタがつきませんように…

おみくじを引くと…
わっ小さい恵比須さま入ってる！
コロン…
結果は吉でした
「常に心のまよいあり」
そ…そうか…
売店にはいろんなお守りが
独身の人にはこの縁結びのお守りが人気よ
さっ

男性は白いひも
女性は赤いひもの
お守りを持って
一方を引き出しに
入れておくの
この間も
「彼氏ができた」って
お礼参りに来た人が
いたのよ～
実はそれ
持ってるんだけど
まだ独身
なんだよね……
エヘヘ…
こっちに
します
あら そう？
「叶いたまご御守」
願い事を書いて
お守りの中に入れておく
願い事
「六《む》瓢《びょう》（無病）息災」は母に
小さい
ひょうたんと
仏様が入ってる
帰りは歩きで
下るのがオススメ

「ポンポン岩（鼓岩《つつみいわ》）」
備え付けのハンマーで打つと鼓のような音がする箇所があります
ほんとだ！この辺り音が違う!!
ポーン
ポーン
ぜひ試してみて下さい
尾道はどの路地も絵になります

ポンポン岩から
少し下りると…
「天寧寺《てんねいじ》 海雲塔《かいうんとう》」
貞治6年 足利義詮《よしあきら》が
創建した寺の塔
お寺と町並みと海が
フレームに入って
絶景!!

坂道きっ～い
足がガクガク
わかるわかる
地元のおじーちゃんかな？
スタ スタ スタ
ビュ―ン
はっ速い!!
スタ スタ スタ スタ スタ スタ
もうあんな所に!!
毎日この坂道上ってたら元気になるのかな

「宝土寺《ほうどじ》」の境内には…
カフェがあります
古民家をリノベーションした「さくらカフェ」
ホッと落ちつける雰囲気〜
窓際のカウンターからの眺めが最高です
ガタン
ゴットン
あっ電車
カフェを出るとお寺の正門にねこを発見
なーん
さすがねこの町!!

わっ
いい風！
びゅう
な〜ん
すい
すり
ねこは
快適な場所
知ってるって
いうもんね

尾道本通り
商店街まで
下りてきました
昭和レトロなお店が
軒をつらねています
昭和20年創業の
「※ひばり毛糸店」
毛糸 ひばり毛糸店
わ〜
かわいい
看板〜
銭湯を改装した
カフェ＆お土産《みやげ》屋さん
「ゆーゆー」
大和湯
脱衣所を
利用してるんだ
おもしろい〜
九
五

※その後（2017年6月）、惜しまれつつ閉店となりました。

テーブル席のスペースはもと洗い場!?
節水
カフェでは名産品のデザートや食事などがいただけます
そして尾道といえば…
フフフ…
おやつとやまねこ
「おやつとやまねこ」のプリン!!
お土産も買ったし
あとは…

尾道ラーメン!!
尾道ラーメン たに
駅前にあるから便利!!
「尾道ラーメン たに」
小魚で出汁をとった醤油味のスープにたっぷりの背脂を浮かべるのが特徴
背脂でこってりしてるかもと思ったけど
さっぱりしてコクがあって…
ずる
ずる
魚介の出汁もおいしい!!
あ～ 充実～♡
ガタン
ゴトン
おみやげ
それにしても何で独身ってわかったんだろ…
千光寺のおばちゃん
疑問を残しつつ帰路につくのでした

おすすめ尾道みやげ

「尾道帆布」のねこポーチ

尾道帆布

しょうゆの容器にレモンソースが入ってる
びんもかわいい♡

「おやつとやまねこ」の尾道プリン

一度あけたら最後止まりません
ビールによくあいます♡
イカ天
瀬戸内れもん味
ビール

因島のはっさくゼリー

因島のはっさくゼリー

イカ天 瀬戸内れもん味

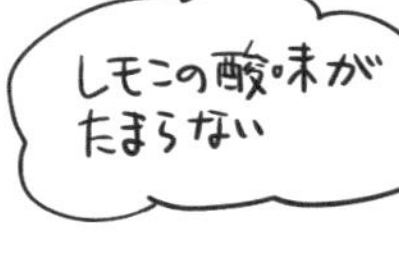
レモンの酸味がたまらない

お酒に入れたり魚にかけたり超便利！
国産レモンのしぼり汁100%
レモンの泉
せとうち・瀬戸田町

レモンの泉

尾道駅舎

2019年3月に尾道駅舎が新しくなりました。
1階には尾道のローカルフードやグッズを
扱っている「おのまる商店」、
郷土料理が楽しめる「食堂ミチ」、
レンタサイクルやコンビニも。
2階にはホステル「m³ HOSTEL」、
尾道水道が一望できる展望デッキや
喫茶店など盛りだくさん！

尾道わっぱ

おのまる商店で買った「尾道わっぱ」は
ばら寿司、あなご、鯛めしの3種類があり、
私は鯛めしをお土産に。
小エビ香る炊き込みご飯に
鯛が乗っていて絶品でした。

ねこだらけさんぽ道
～ねこの町で、ねこづくし～

尾道
ぶらりさんぽ
今回のテーマは
ズバリねこ!!
ねこにまつわる
場所をさんぽして
みたいと思い
ます
千光寺
ロープウェイのりば
山側
現在地
主に山側を
歩くよ！
尾道駅
尾道商店街
海側
まずは
路地にひっそりたたずむ
知る人ぞ知るパン屋さん
宝土寺を抜けて
路地を山側に
歩いていきます

少し歩くと看板が…
あ みえてきた
ネコノテパン工場
ねこの手〜♡♡
ワク
ワク
こね
こね
せっせっ
せっせっ
よいしょっ
こらしょっ
思わず妄想してしまいます
そこからもう少し坂を上って
カラフルなガーランドが見えてきたら…

古民家を改装した
世界一小さなパン工場
「ネコノテパン工場」が！
一人入ると店内は
いっぱいになります
どれも
おいしそう〜〜〜
約15種類のパンが
並んでいました

お会計は左向け左して小窓から
ありがとうございます
お願いします
営業時間は10時から夕暮れまで
たくさん種類のある午前中がオススメ
ネコノテパン工場から一本路地に入ると
あ
公園だ
「あきちこうえん」小さな手づくりの公園

ちょっとここでつまみぐい♪
出来たてほやほやのパンはおいしいなあ♡
ぽか
ぽか
もぐ
もぐ
全部食べたいけどがまんして…
パンはお土産
ここからさらに石階段を上り
古民家を改装した「空猫カフェ」へ
Soraneko Cafe
空猫
Bagel & Espresso
since 2007

玄関で靴を脱いで
階段を上ると…
どーぞ
ありがとうございます
尾道水道の景色が
広がります
わぁーーっ

ベーグルとスープのセットを注文
じゃがいもと緑大豆のクリームスープ
&
いちじくとくるみのベーグル
+
クリームチーズと黒こしょうのベーグル
ベーグルもちもちで超おいしい!!
クリームチーズと黒こしょうあう!!
←2個目
あぁ〜〜っ至福すぎる
尾道水道を眺めながらのベーグルは最高でした
次は少し歩いて…

尾道には
ねこがたくさんいます
ガサッ
美形ねこ
発見!!
ねこの
足跡が…
あっ
コンクリートが
乾く前に
歩いたのかな
ガーン
ふふふっ
たまには下を向いて歩くのも
いいかもしれません

「猫の細道」
艮《うしとら》神社の東側から
天寧寺三重塔にかけて続く
２００ｍの細い道
ジブリの世界に迷いこんだみたい
さっそく福石猫《ふくいしねこ》を発見
かわいいい!!
「福石猫」とは日本海の荒波にもまれた石をペイントし神社でお祓いを受けた猫
ここにも!
１０８匹の福石猫が道の至る所に隠れています
道の補修部分もねこ!!

「招き猫美術館」
招猫絵師・園山春二氏が
空き家を再生して作った
美術館
招き猫美術館
今ちょうど
来てるんですよ
へ?
ストーブの前で
とろけてるねこが!!
ゴロン…
かわいい〜〜〜っ
看板猫!?
ねこグッズが
たくさん!!
さらに
奥の部屋には…

ざぶとんを囲んで
ずらりと並ぶ招き猫たち
ずら〜っ
す…
すごいっ
あのざぶとんって
もしかして…
ふふふっ
運がよければ
ねこが来ます
やっぱり!!
にゃー
いつか見て
みたいです
はわわわ〜

次は
前から体験して
みたかった…
「活版カムパネルラ」
デザイン小物と雑貨と
ワークショップスペース
ここでは活版印刷の
体験ができます
ぜひ
体験していって
下さい
好きな絵柄を
選んで組版して
ねこの柄に
します♪
り

がんばって下さいっ
ぐぐぐ〜〜
思った以上に力がいる〜
できた――♡♡
活版印刷って味があっていい！
CONGRATULATIONS! GRAND CHAMPION HIROSHIMA TOYO CARP
こちらから好きな文字を選んでオリジナルカードも作れますよ〜
2〜4時間かかります
この中から文字探すの大変そう!!
次は名刺とか作ってみたいです
「活版カムパネルラ」を後にして
15時か〜
おやつの時間だ♡
海岸通りのカフェへ

「やまねこカフェ」
やまねこプリンで有名な
「おやつとやまねこ」の
系列店
「やまねこラテ」
お願いします
わーっ♡
キュートな
ねこちゃん～
クリーミーで
おいしい！
ずずずーーっ

商店街の細道を抜けて…
「今川《いまがわ》玉香園《ぎょっこうえん》茶舗《ちゃほ》」
明治11年創業
尾道で最も歴史ある
日本茶専門店
店内にはたくさんの
茶箱が
どこから来たの?
広島市からです
港町尾道で戦前から
輸入されている紅茶を購入
尾道紅茶
Dimbula
ディンブラ
紅茶の種類によってネコの柄がちがう
今日は
ねこづくし
だったな〜
ますます尾道に
魅せられていく
私でした

おすすめ尾道みやげ part.2

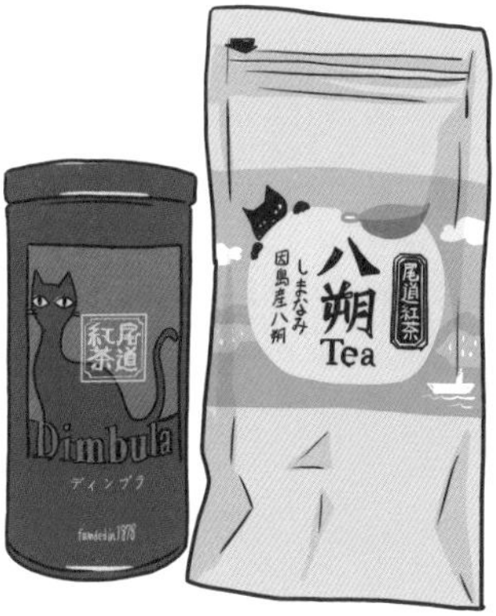
尾道紅茶
Dimbula
ディンブラ
八朔
Tea
しまなみ
因島産八朔
尾道紅茶

「今川玉香園茶舗」の尾道紅茶

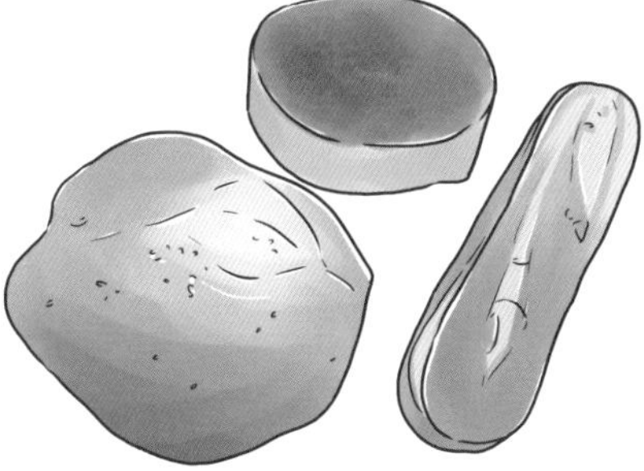

「ネコノテパン工場」のパンたち

ミルクフランスおいしかったです
もぐ
もぐ

「招き猫美術館」の
ポストカード

CONGRATULATIONS!
GRAND CHAMPION
しおり替わりに使ってます

「活版印刷カムパネラ」で
体験制作できるカード

「やまねこカフェ」の
マグカップ

LOG -Lantern Onomichi Garden-

千光寺へと続く坂の途中にある、
昭和38年築の「新道アパート」をリノベーションした、
宿泊、カフェ、ダイニング、バーなどの複合施設。
インドの都市ムンバイを拠点に活動するスタジオ・ムンバイと、
尾道の地元の職人やアーティスト達が創り上げたそう。

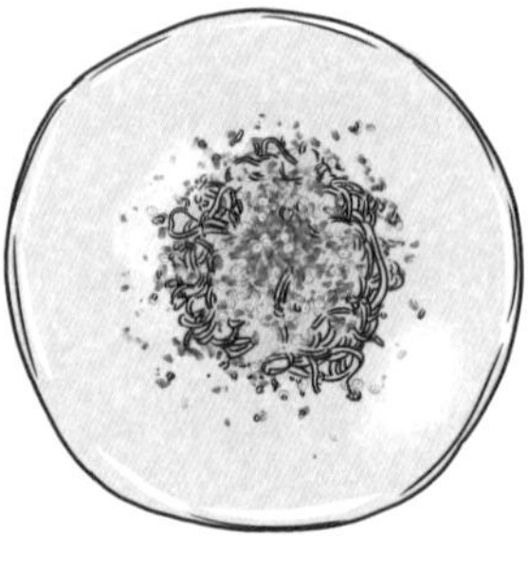

尾道ラーメンの麺にヌクマムで
味付けしてある多国籍な一品。
オシャレな器も料理を際立たせています。

七つのお寺で御朱印めぐり
～目指せ満願成就の印～

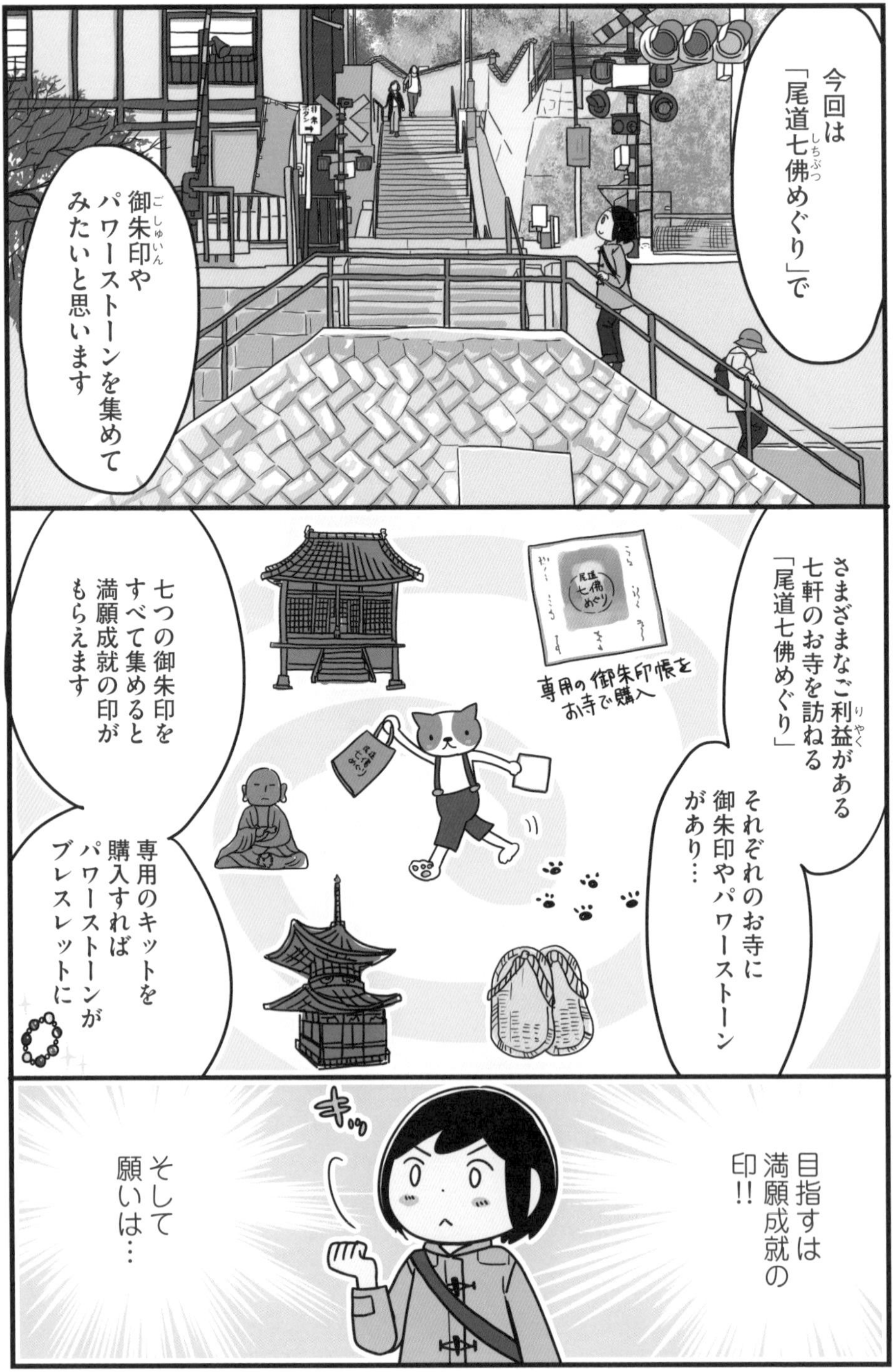
今回は「尾道七佛《しちぶつ》めぐり」で
御朱印《ごしゅいん》やパワーストーンを集めてみたいと思います
さまざまなご利益《りやく》がある七軒のお寺を訪ねる「尾道七佛めぐり」
それぞれのお寺に御朱印やパワーストーンがあり…
尾道七佛めぐり
専用の御朱印帳をお寺で購入
七つの御朱印をすべて集めると満願成就の印がもらえます
専用のキットを購入すればパワーストーンがブレスレットに
目指すは満願成就の印!!
キッ
そして願いは…

リンゴーーン
お願いしますっっ
ステキな男性にめぐりあって結婚——!!!
リンゴーーン
リンゴーーン
ルートはこんなカンジ
⑤西國寺
④大山寺
③千光寺
②天寧寺
①持光寺
⑥浄土寺
⑦海龍寺
ゴール
スタート
尾道駅
約3〜4時間のおさんぽです
ところで御朱印ってそもそもどういうもの!?
なんとなくしかわかんないっ
はたっ
御朱印は本来お寺で写経した際の証《あかし》でしたが今では参拝の証としていただけるようになりました
ご本尊様の分身なので大切に保管しましょう

持光寺前《じこうじまえ》踏切を渡り階段を上ると…
尾道ラーメン
大きな石の門だ〜！
この石門は「延命門《えんめいもん》」といいくぐると寿命が延びるといわれています
一軒めのお寺「持光寺」ご利益・延命祈願
長生きできますように…

御朱印は納経所でいただきます
すみませーん 七佛めぐりの御朱印帳と御朱印くださ〜い
ぎゅうっ
ごくろうさまです
ありがとうございます
尾道七佛めぐり専用の御朱印帳とパワーストーン・「お守りブレス念珠《ねんじゅ》」を購入
わあーーっ
初・御朱印だ〜
延命祈願
持光寺
シトリン（黄水晶）
なんだか心が洗われるなあ

次は
海雲塔で
おなじみ…
七佛めぐり
「天寧寺《てんねいじ》」
ご利益・病気平癒《へいゆ》祈願
本堂には「びんずるさま」が
いらっしゃり、自分の悪い所を
なでると治るといわれています
治りますように……
タタい……
なで
なで
なで
なで
肩と
頭と
目と…
庫裏《くり》には…
なにこれ!?
昔はこの「魚板《ぎょばん》」（木魚のルーツ）を
叩いて時間を知らせていたそう
叩かれてへこんだお腹

「五百羅漢《らかん》堂」
尾道の豪商たちが寄進したものといわれています
ものすごい数!!
わぁーーっ
二つめの御朱印いただきました
ごくろうさまです
ありがとうございます
フローライト（蛍石）
病気平癒祈願
大寧寺

それにしても
階段の上り下りが
きつい…
なーん
おっ
座るかい？
おいで～
なーん
おっ
きた
とんっ
!!!!
ひざの上で
くつろいでる!!
飼ってる
犬でさえ
自らきたこと
ないのにー!!
ちょこん
おかげで体力回復
できました

三軒めのお寺は
言わずと知れた…
「千光寺」
ご利益・諸願《しょがん》成就
縁結びの
お守り
あるわよ！
よく
効くのよ～っ
うっ
またっ

三つめの御朱印っ
開運厄除祈願
千光寺
わーい♡
ラピスラズリ
（瑠璃）
少し休憩をしましょう
足がガクガクなの
よく休むニャー
「みはらし亭」築100年の茶園を再生させたゲストハウスに併設されたカフェ
レモンバターのアメリカンビスケット
＆レモンスカッシュ

外はさくさく
中はしっとり♡
おいし〜〜
名前に偽りなしの
景色!!
ごちそうさまでした!
かつて刀鍛冶《かじ》の町だった
なごりのある長江《ながえ》を抜けて…
鍛冶屋
「大山寺《たいさんじ》」
ご利益・合格祈願
庚申堂

尾道が舞台の朝ドラ『てっぱん』にも登場した梵鐘《ぼんしょう》
世の中の正しいことを「よく見よう」「よく言おう」「よく聞こう」という思いのこもった「21世紀の新三猿像」
そして境内からはロープウェイや天寧寺三重塔も見る事ができます
御朱印いただきました
合格祈願
大山寺
カーネリアン
（赤瑪瑙）
続いては「西國寺《さいこくじ》」
西国寺近道
あ 近道 発見！

最初に目に入るのは
巨大なわら草履《ぞうり》
摩尼山
足の病気に
ご利益があるとか
たくさんの草履が
奉納されていました
80才まで杖を使わず
歩けますように
マラソンで自己ベスト
更新!!
山門を抜けると
……
108段あると
いわれている階段
ひざが
笑う〜〜〜
ひ〜〜

「西國寺」
ご利益・健脚《けんきゃく》祈願
御朱印いただきました
健脚祈願
西國寺
ごくろうさまです
ありがとうございます
アメジスト
（紫水晶）
あと二軒…
わ〜いい景色!

「浄土寺」
ご利益・必勝祈願
足利尊氏も参詣《さんけい》したそうで…
その時に白鳩が案内したと
いわれています
エサちょーだい
エサくれるって?
うわっ
人なつこい鳩が寄ってくる!!
センパイのためにお守りを
買っている地元の女子中学生
うんうん
サッカー部のセンパイに渡すお守りを一……
どれがいいかなー
鳩と遊ぶ下校中の男の子
対照的…
鳩〜
アハハハー
イェーイ

御朱印
いただきました
おまたせしました
ありがとうございます
必勝祈願
浄土寺
レッド
タイガーアイ
（紅虎眼石）
いよいよラストは
浄土寺から
歩いてすぐの…
つ…ついに……!!
はぁ
はぁ
ゴール!!
やったーっ
転法輪山 海龍寺
七佛めぐり

「海龍寺《かいりゅうじ》」
ご利益・技芸上達祈願
境内の奥に「文楽の墓」があり、
右端の「お経塚」をなでると
技芸が上達するといわれています
絵が上手くなりますように……
なで
なで
なで
なで
なで
なで
最後の御朱印所で
ごくろうさま
技芸上達祈願
海龍寺
ブルーレース
（空色縞瑪瑙）
満願成就の印と御朱印を
飾れる掛け軸がもらえます
手出して
？

コロン..
おまけ
わっ
あめちゃんっ
つかれた身体と心がほっこりしました
満願成就の印ももらったし
がんばってよかったな～
夕日もキレー♡
いい出会いあるといいなあ
身も心も満たされた尾道さんぽでした
それにしても結構お金使っちゃったなー
御朱印とパワーストーン等で6400円か……
いやでも結婚のためだし……
その後
あの人もしや運命の人!?
イケメン!!!
まだ出会いはありません

みてみて
尾道のお寺を
歩いてゲットした
パワーストーン
ブレスレット♡
大変だったんだからっ
じゃんっ
数珠じゃろ
数珠じゃ
ちょっ…
パワーストーン
ブレスレットだよ!!
ガーン

烏《う》須《す》井《い》八《はち》幡《まん》神社

尾道には有名なお寺や神社がたくさんあります。
中でも烏須井八幡神社は願いが叶うと有名です。

広島県尾道市西則末町 11 ― 31
JR 尾道駅よりバスで 10 分

願い玉（烏須井とんぼ玉）

願いが叶う、手作りのとんぼ玉。
ひとつとして同じ絵柄のものがないそう。
この願い玉を求めて遠くから
足を運ぶ人も多いそうです。

映画や小説の舞台へ

～アニメ・ゲームの聖地にも～

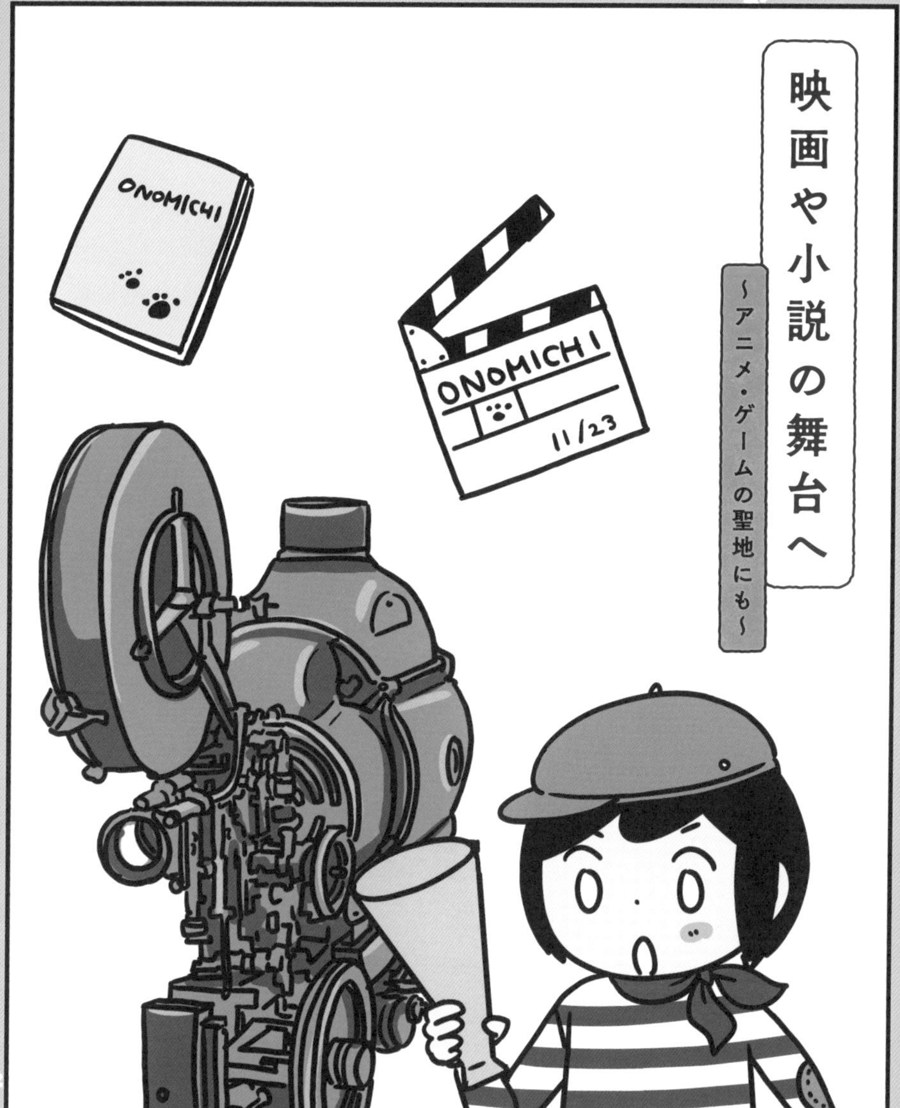

尾道が舞台の映画や小説は数多くあります
いい風ふいてる〜
代表的なものでは大林宣彦《のぶひこ》監督の尾道三部作
『時をかける少女』
『転校生』
『さびしんぼう』
小説では林芙美子《ふみこ》の『放浪記』や志賀直哉の『暗夜行路』など
最近はアニメ『かみちゅ！』やゲーム『龍が如く6』の舞台にもなっているんです
おやつとやまねこ
『龍が如く6』には「おやつとやまねこ」も登場します
それでは作品ゆかりの地を訪ねてみましょう♪

尾道商店街の入り口には林芙美子像が
自伝的小説『放浪記』には尾道で過ごした少女期が描かれています
海が見えた 海が見える
商店街を入ってすぐ右手に「おのみち林芙美子記念館」
おのみち
芙美子記念館
尾道本通り
インフォメーションセンター
芙美子
子資料館
芙美子が当時住んでいた部屋も見学できます
13歳から6年間暮らしていたそう
当時着ていた着物だ!!
ここで芙美子は何を思ってたのかな
林芙美子の部屋

次は「おのみち映画資料館」
明治時代に倉庫として利用されていた蔵を改装して作られたそうです
実際に使われていた映写機が入り口に展示されています
かっこいい――っ
尾道が舞台の小津安二郎『東京物語』や尾道にゆかりのある新藤兼人監督の資料やロケ写真なども展示されています
尾道の昔の街並みもステキ!!
貴重な写真がたくさん見れたなあ
他にも上映当時の映画ポスターが2万枚以上展示されています
ここでお昼にしましょう

昔の長屋を再生して作られた「あくびカフェー」
GUESTHOUSE
あなごのねどこ
ANAGO NONEDOKO
あくびカフェー
テーマは「学校」です
店員さんが給食服！
いらっしゃいませーっ
メニューが回覧板♪
回覧板
「あくびのしまなみカリーライス」
牛すじがくたくたに煮込まれてておいしい～～～♡♡

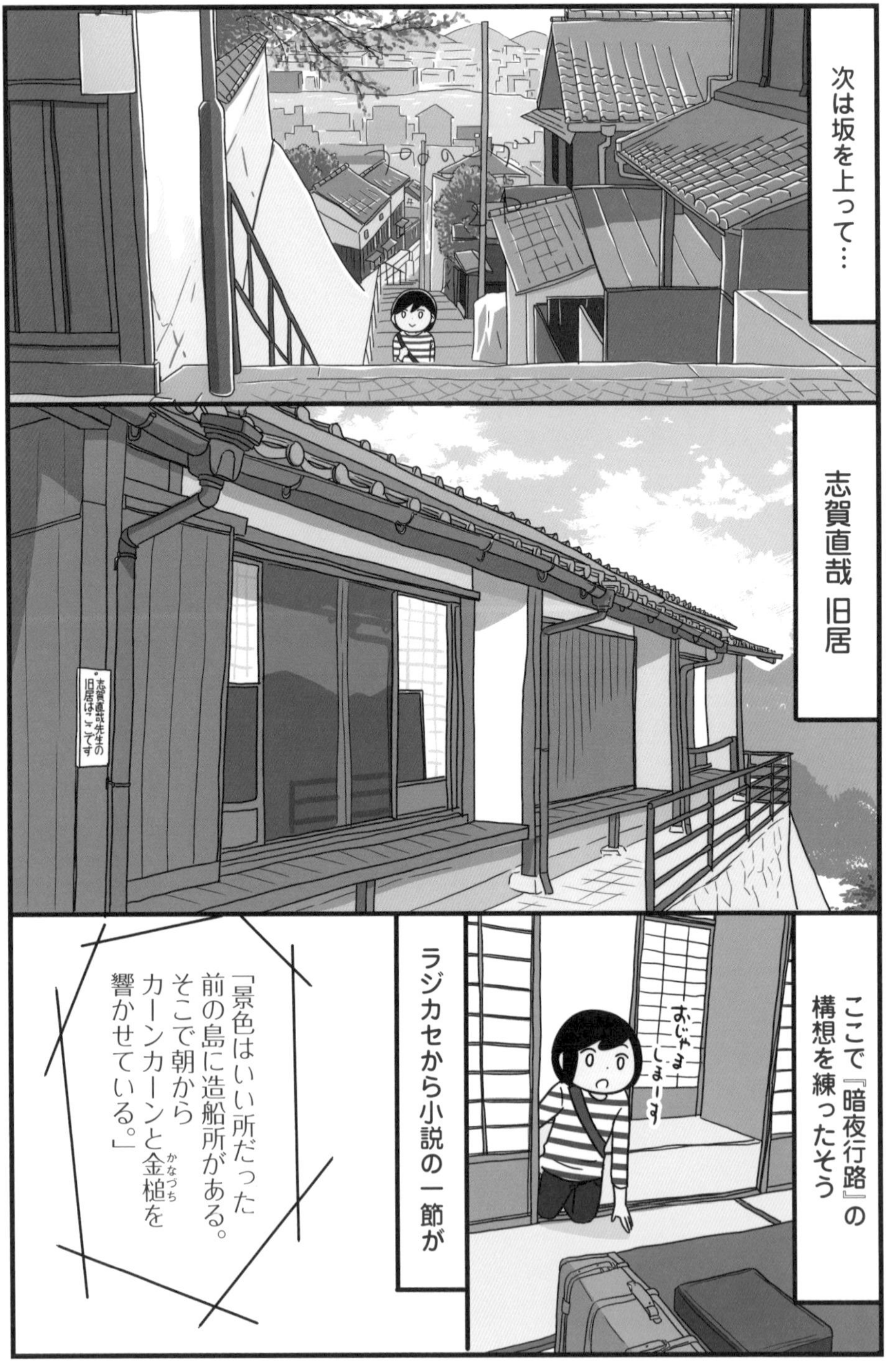
次は坂を上って…
志賀直哉 旧居
志賀直哉先生の
旧居はここです
ここで『暗夜行路』の構想を練ったそう
おじゃましまーす
ラジカセから小説の一節が
「景色はいい所だった
前の島に造船所がある。
そこで朝から
カーンカーンと金槌《かなづち》を
響かせている。」

わあ…
カーン
カーン
カーン
小説と同じ風景だ…

「文学記念室」
林芙美子ほか尾道ゆかりの作家たちの資料を展示
実際に使っていた万年筆やパイプなども
「文学のこみち」
千光寺公園山頂から千光寺までの間に尾道ゆかりの作家や詩人の作品の一節が刻まれた文学碑が25あります
落ちてこない!?
ドキ
ドキ
林芙美子の碑にも刻まれた尾道水道は絶景です
〝海が見えた海が見える〟
〝五年ぶりに見る尾道の海はなつかしい〟

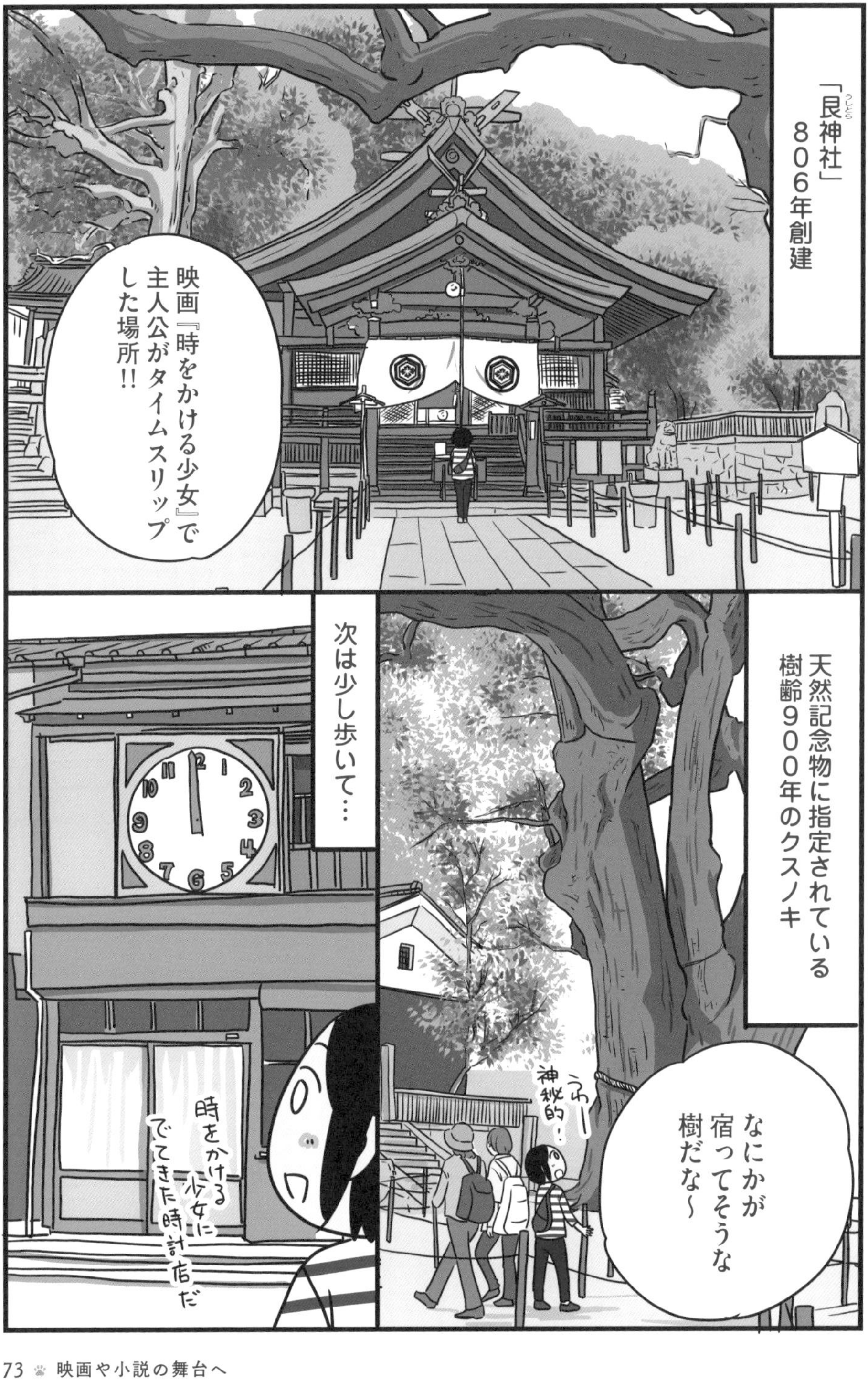
「艮《うしとら》神社」
806年創建
映画『時をかける少女』で主人公がタイムスリップした場所!!
天然記念物に指定されている樹齢900年のクスノキ
ふわー
神秘的…
なにかが宿ってそうな樹だな～
次は少し歩いて…
時をかける少女にでてきた時計店だ

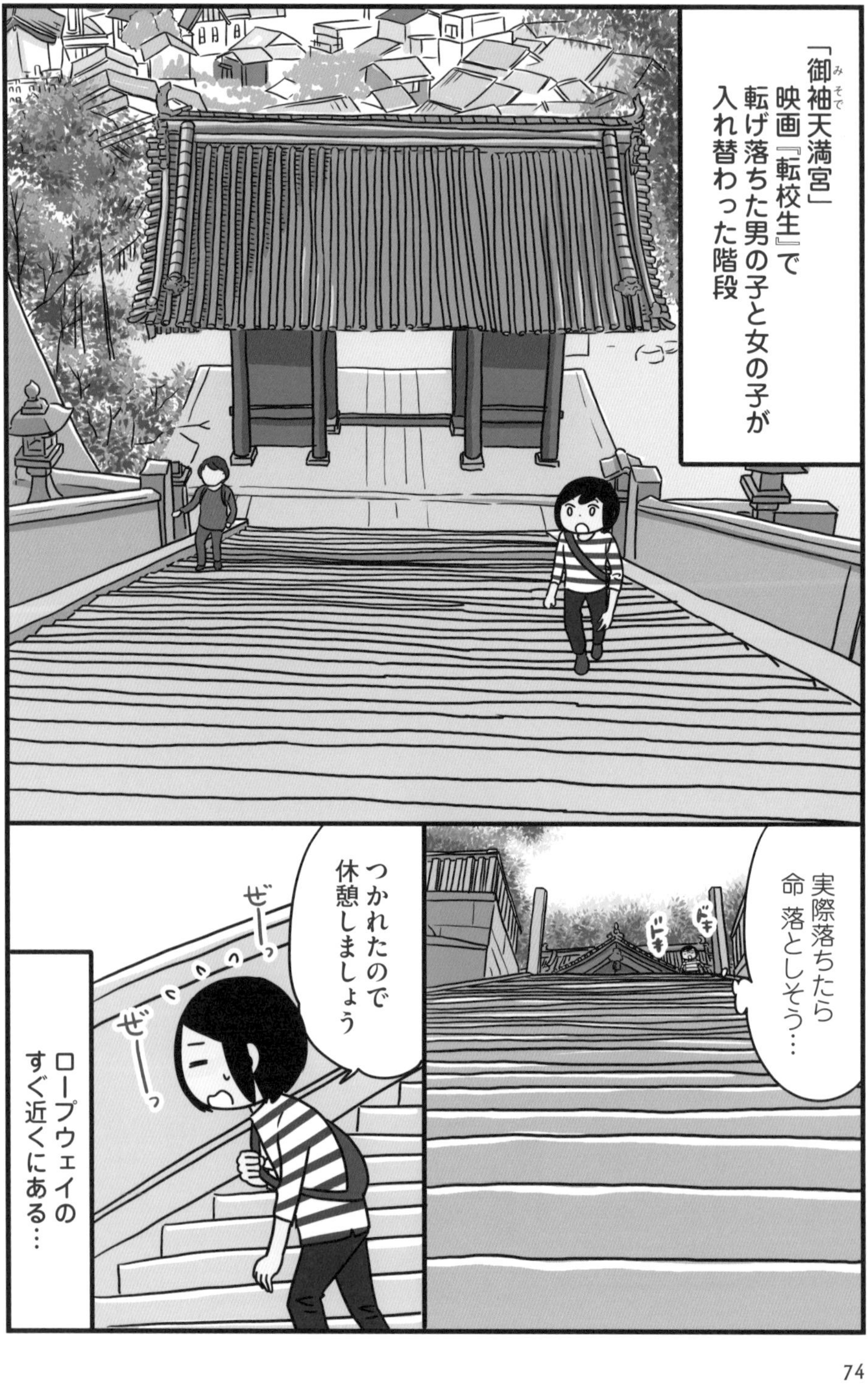
「御袖《みそで》天満宮」
映画『転校生』で転げ落ちた男の子と女の子が入れ替わった階段
実際落ちたら命落としそう…
ドキ
ドキ
つかれたので休憩しましょう
ぜーっ
ぜーっ
ロープウェイのすぐ近くにある…

「茶房こもん」
『転校生』や『ふたり』にも登場した
ワッフル専門店
レトロで
おちついた
雰囲気がステキ♡
お待たせしました
レモンジュレの
アイスワッフル
です
コトッ
外はカリッ
中はふわっで
おいしい〜〜
レモンジュレと
相性ばつぐん!!
コーヒーと
合う〜♡

「福本渡船《とせん》」ゲーム『龍が如く』や映画『さびしんぼう』にも登場するフェリー乗り場
福本渡船
尾道⇔向島フェリーのりば
尾道中学校・高等学校
向島へ ようこそ
徐行
昨日の夜 ここから 漁に出たわ〜 (ゲームの中で)
「からさわのベンチ」朝ドラ『てっぱん』やアニメ『かみちゅ!』に登場する憩いの場
からさわ
「からさわ」は昭和14年創業のアイスクリーム店です
からさわのベンチで からさわのアイスモナカを食べる
もぐ
もぐ
アイスクリーム

次は尾道駅の裏にある「旧和泉家別邸」（通称ガウディハウス）
映画『さびしんぼう』で通学路になっていた風景
昭和8年に建てられた洋館付きの住宅
その装飾や曲線からガウディハウスとよばれるようになったそう
ひえ〜
何がど〜なってるかわかんない…
いろいろめぐったな〜
カッ
カッ
カッ

尾道は何気ない場所でも絵になるよねえ
帰ってまた尾道散策するぞ——（ゲームの中で）
おーっ
今回歩いたMAP
山側
千光寺
文学のこみち
艮神社
御袖天満宮
ロープウェイのりば
茶房こもん
尾道ガウディハウス
文学記念室
志賀直哉旧居
尾道駅
あくびカフェー
からさわ
尾道商店街
おのみち映画資料館
芙美子像
福本渡船
海側
2〜3時間で周れます！

家に帰っても尾道散策（龍が如く6）

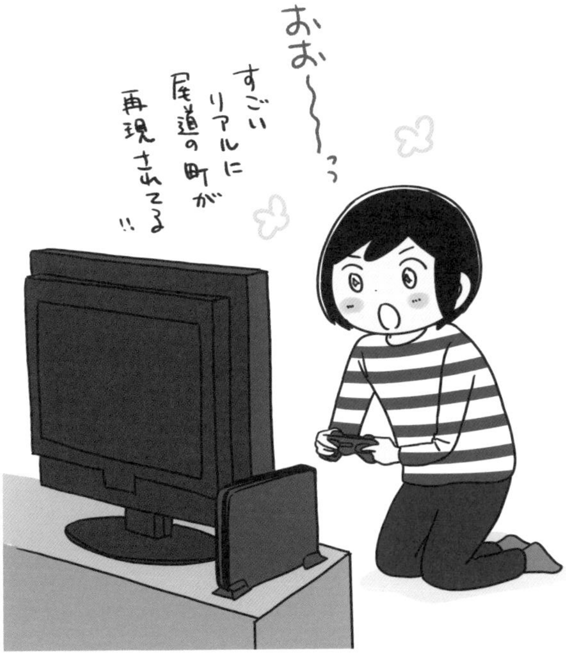
おお〜〜っ
すごい
リアルに
尾道の町が
再現されてる!!

菅公の腰掛け岩

映画『転校生』の舞台にもなっている
「御袖天満宮」に行く途中の路地で、
菅原道真が腰を掛けたという岩を発見しました。
道真公が太宰府へ左遷される途中、
休憩したという岩。
尾道の民衆に親切にしてもらった
お礼として渡された 服の袖をまつっているのが
「御袖天満宮」なのだそうです。

夜の尾道さんぽ道
～グルメスポットではしご酒～
清酒
竹鶴

今回は1泊して
夜の尾道を
ぶらりさんぽ
したいと
思います！
宿泊したのは尾道駅から徒歩2分の
「グリーンヒルホテル尾道」
海側だと
部屋から
尾道水道が
見渡せます
ステキ〜♡
さっ
荷物をおいて
夜の尾道へ
繰り出し
ましょう
るん
るん

ホテルから海沿いを西に
歩いていくと…

「ONOMICHI U2《ユーツー》」
海運倉庫をリノベーションした、
自転車を持ち込めるホテルやカフェ
ショップなどの複合施設
県営
シンプルでかっこいい!
男前な建物!!

尾道帆布を使ったU2オリジナルバッグや
島の柑橘類を使ったジャム等オシャレな商品がたくさん
U2限定のマスキングテープも♡
自転車ブランド「GIANT」の専門店
GIANT
尾道水道を眺めながらお酒が飲める「KOG《コグ》 BAR」
オシャレすぎるー!!
テラス席も気持ちよさそう
3

夜の尾道は昼間とちがい
静まり返っていて
ザザーン
聞こえるのは波の音
そして漂う潮の香り
ライトアップされて
幻想的に映るお寺
日常のあわただしさを
忘れさせてくれます
いつまでも眺めていられるなぁ…
「こめどこ食堂」
お米と発酵をテーマに
地元の旬の食材を使った
おばんざいの店
こめどこ食堂
まずは腹ごしらえ

ほっこりおちつける店内です
とりあえずカンパーイ
尾道産レモンのモヒート
おまたせしました～
ゴクゴク
真鯛のカルパッチョ
米粉と豆乳の味噌グラタン
わぁ―――！

やばい 鯛めちゃくちゃ おいしそう…
ゴクリ。
甘くて こりこりして 新鮮!!
お箸が 止まらない〜♡
米粉と豆乳の 味噌グラタンは
牛乳とバターを 使ってないから とってもヘルシー
はふ
はふ、
それにお味噌が 味わい深い!!
おまたせしました
くわいの 素揚げです
待って ました♡
くわい大好き♡

外はパリパリ中はホクホクでおいしい〜〜〜
ゴクゴクゴクゴク
パク パク
お酒のつまみにぴったり♡
ふ――っ おなかいっぱい
大満足!!
でも〆《しめ》もいきたい所……
「こめどこ食堂」をあとにして
ごちそうさまでした――
昭和感あふれる路地へ…
テーラー アダム

「笑空《えそら》」
『ミシュランガイド広島』で
1つ星を獲得したおそば屋さん
古民家を改装した
懐かしさを感じさせる店内
BGMに寄席が流れてる！
日本酒を注文すると
お猪口《ちょこ》が選べます
どれにしよう

珍味三種盛りと竹鶴
クリームチーズ酒盗和え
山うに豆腐
て鮎うるか
どれどれ…
すくっ
クリームチーズと酒盗 すごく合う!!
まさに酒どろぼう!!
お酒が進む〜っ
山うに豆腐甘じょっぱくておいしい〜〜
ざるそば
いただきまーす

※さらに研鑽を積まれるため、2019年2月より休業されました。再開が待ち遠しいです！

カン
カン
カン
カン
カン
酔いざましに
千光寺まで
上ろう!
ん?
!!?
タッ タッ タッ タッ タッ

今の…
犬!?
私の目の前を黒い物体が横切った!!
どき
どき
どき
どき
尾道はねこもいますが犬もいるので注意しましょう
特に夜は
こわいけど
せっかくここまで
上ったんだから…
進もう!!
天寧寺の三重塔
幻想的♡
ライトアップされた千光寺

わあ――
がんばって上ってきた
かいあった!!
いつも見る尾道とは
また違った風景に
出会えたなあ
馬越歯科

その日の夜
〜ホテルにて〜
やばい…飲みすぎた…
気持ち悪い……

喫茶定食キツネ雨

尾道には新開地区という歓楽街があるのですが、
夜に女一人で行くのは怖くて行けませんでした。
後日、昼に行ってみると細い路地に
レトロな喫茶店を発見。
薄暗く居心地がいいのでつい長居してしまいます。

キツネ雨

昔
なつかし
プリン

大正
ロマンの
雰囲気漂う
店内

しっかりとした
食感のプリンと
ほろ苦いカラメルが
美味しい！

島観光＆サイクリング
～生口島からしまなみ海道へ～

さて 2日目の 朝です
今日は尾道港から 生口島《いくちじま》に渡り 瀬戸田観光や サイクリングを したいと思います
赤のラインが 今回のルート
尾道駅
スタート
Mukaishima 向島
しまなみ海道
佐木島 Sagishima
ゴール
瀬戸田港
Innoshima 因島
Ikuchijima 生口島
しまなみ海道を 通って 陸路でも 渡れます
生口島（瀬戸田港）までは 尾道港から船で約40分
船が出るまで 時間があるので…
海岸通りを 散歩しましょう ♪

ちなみに早朝の尾道水道は
感動的なほどキレイでした…
通勤や通学の人たちを
乗せた船
向島行渡船のりば
しまなみ海道サイクリングロード
おはよー
おはよーっ
これが
尾道の日常
なんだなぁ

尾道水道が見えるパン屋さん
「パンのなる木」で朝食
至福♡
えっ
もう
こんな
時間!!
まったりしすぎた…っ
ぎょっ
ガタッ
うわーーんっ
乗ります〜〜〜
2番のりばに瀬戸田行きシトラスが到着します〜
たっ
そういえば
私 切符
買ってないっ
ぱっ
船の中で
払うんよ〜
そうなん
ですね
親切な乗客の方が
教えてくださいました

どこまで行くん？
あ 瀬戸田まで…
観光？
はい
じゃあ これ あげる
佐木島《さぎしま》のみかん
わわっ
ありがとうございます！
たのしんできてね〜っ
島の人のやさしさに触れ
島が並ぶ景色とみかんを堪能しつつ生口島へ
お姉さん着いたよ!!
はっ
いつの間に!?

瀬戸田に到着——っっ
さてさて島でのルートはこんなカンジ
観光しながら島をぐるり一周したいと思います
ドルチェ瀬戸田
耕三寺博物館
瀬戸田港
ひょうたん島
サンセットビーチ
レモン谷
生口島一周
23km
瀬戸田港から少し歩くと…

ノスタルジックな町並みの「しおまち商店街」
サイクリストオアシスへようこそ
しおまち商店街
気ままにしまなみ自転車散歩。
瀬戸田名物
たこ
たこ推しなのね
500円
おばあちゃんが昔ながらのコロッケを揚げてくれる「岡哲商店」
岡哲商店
ひとつくださーい
商店街を抜けてさらに歩くと
もぐ
ほくほくでおいしい♥
もぐ

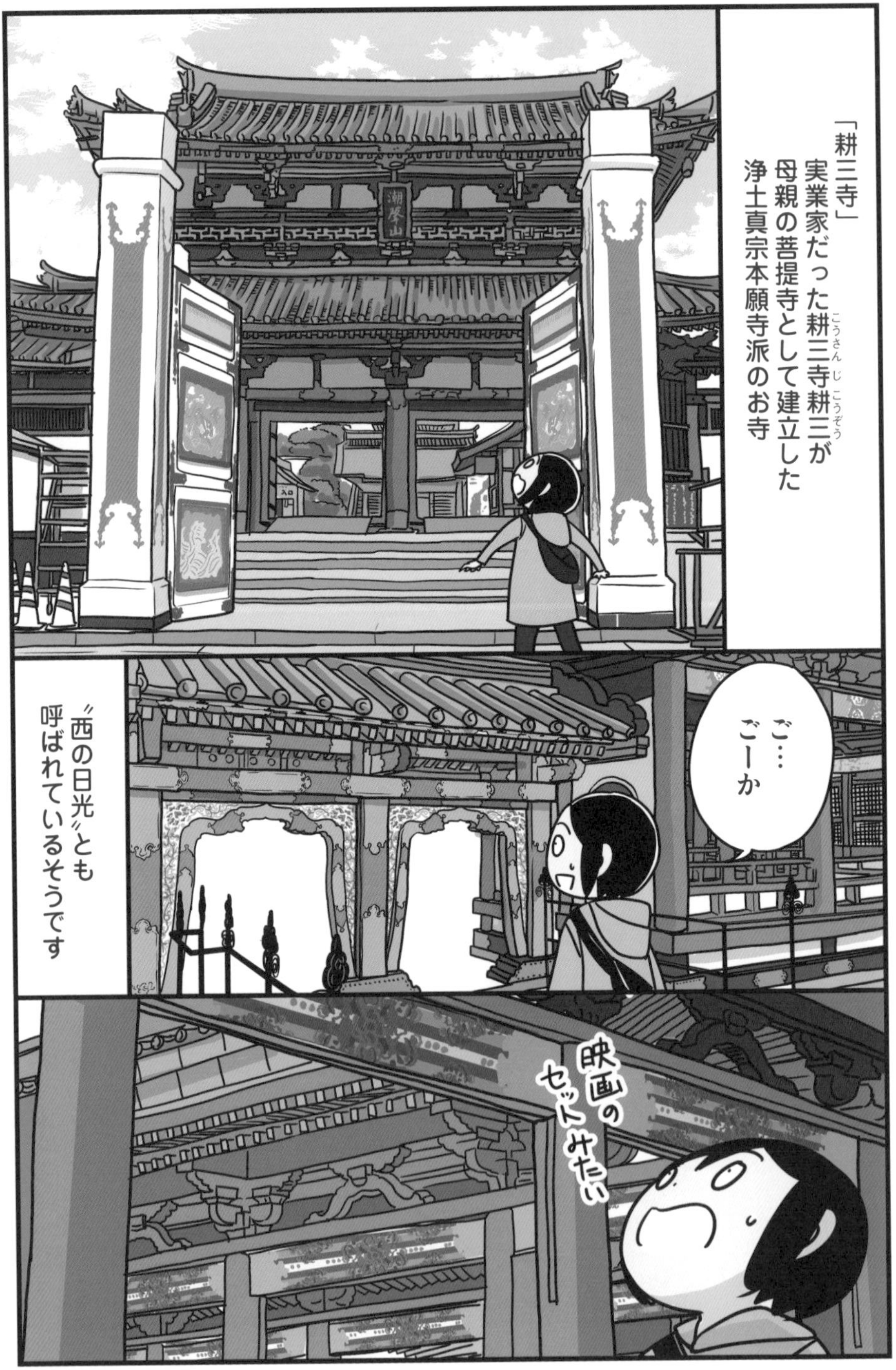
「耕三寺」
実業家だった耕三寺《こうさんじ》耕三《こうぞう》が
母親の菩提寺として建立した
浄土真宗本願寺派のお寺
ご…
ごーか
〝西の日光〟とも
呼ばれているそうです
映画のセットみたい

耕三寺内をさらに上っていくと…
未来心の丘入口
エレベーター ございます。
ご利用ください。
一面真っ白!!
「未来心の丘」白い大理石からなる総面積5000㎡の一大庭園

彫刻家の杭谷《くえたに》一東《いっとう》氏が
イタリア・カッラーラの大理石で制作したそうです
ここだけ別世界
OPEN
インスタ映えしそう!!
さてお次は…
ん?、
今度は「地獄峡」?
千佛洞
千佛洞地獄峡

子供だましっぽいけど入ってみるか…
フッ
ひっ
等活地獄…
ドキ
生きものを殺した罪…
ドキ
こ…こわっ
壁の至るところに大小さまざまな仏像が
壁の凹凸も仏像に見えてきた…

仏さまはありがたいけど…暗くて怖い…!
早く出たい〜〜っ
ひぃぃぃ〜〜っ
「千仏洞《せんぶつどう》地《じ》獄峡《ごくきょう》」
全長350mの洞窟内に地獄・極楽を描いたレリーフや千体の石仏がある
やっと出られた〜〜〜っ
お日様がまぶしい!!
ホッ
出てきて最初に目に入るのは
「救世観音像」
奈良・法隆寺夢殿秘仏、救世観音菩薩立像を手本として制作されたとか 全長15m(台座含む)
ありがたや〜〜っ
耕三寺を後にして
一粒で三度おいしいとこだったなぁ…

「瀬戸田観光案内所」で電動自転車をレンタル
耕三寺からすぐ
1台お願いします
瀬戸田町観光案内所
さあ出発!!

ブルーラインがしまなみ海道の目印
迷うことなく走れます
潮の香りと波の音に包まれてのサイクリングは格別です
最高の癒《いや》しっ
「瀬戸田サンセットビーチ」
環境庁が選ぶ
「日本の名海水浴場88選」第1号
美しい夕日を見ることができます
ザザーーーンッ
ザザーー……
『ひょっこりひょうたん島』のモデルとなった島も見えます
本当にひょうたんの形してる！
海を見ながらしばし休憩っ
もぐ
もぐ
船でもらったみかん→

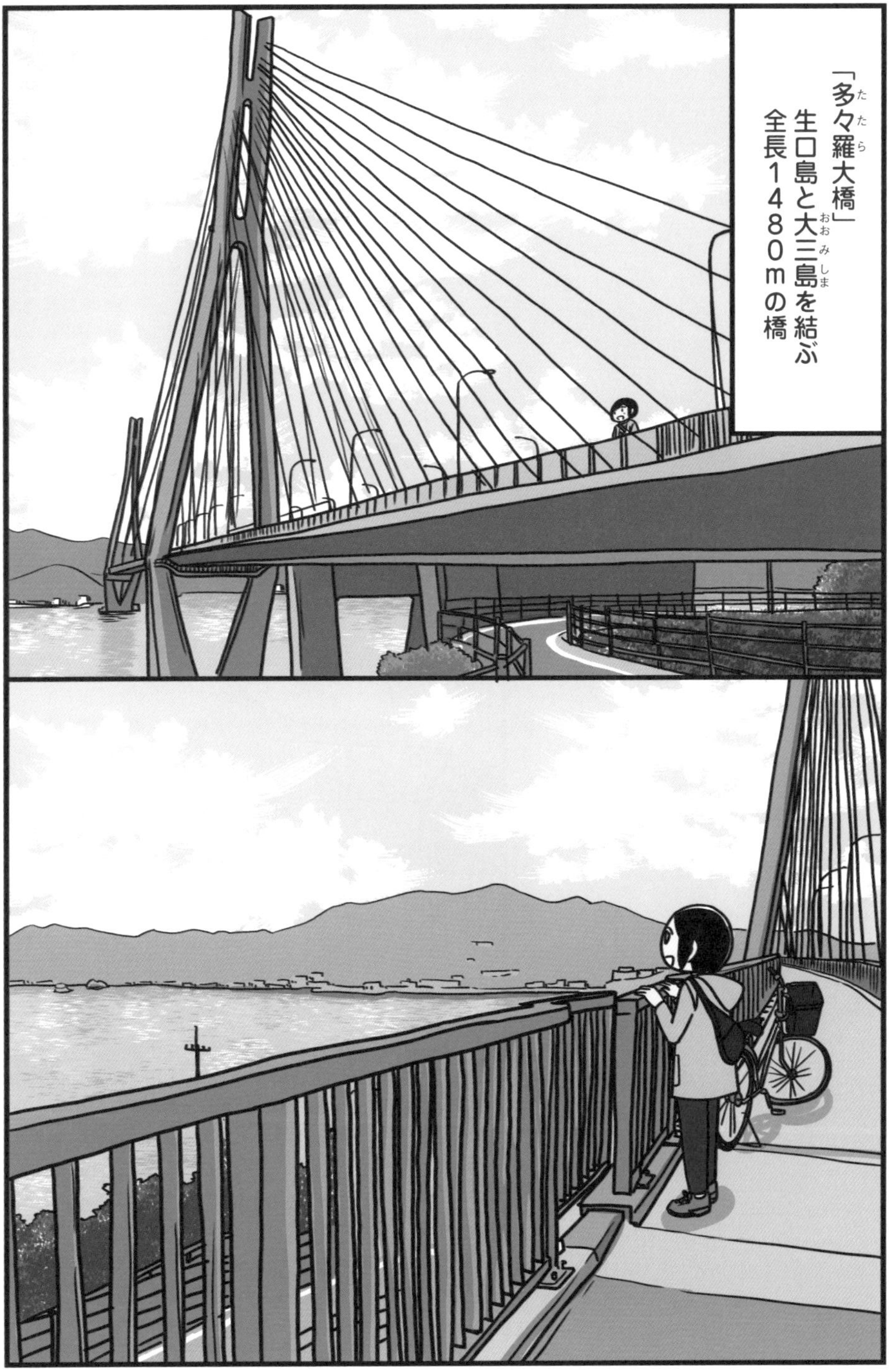
「多々羅《たたら》大橋」
生口島と大三島《おおみしま》を結ぶ
全長１４８０ｍの橋

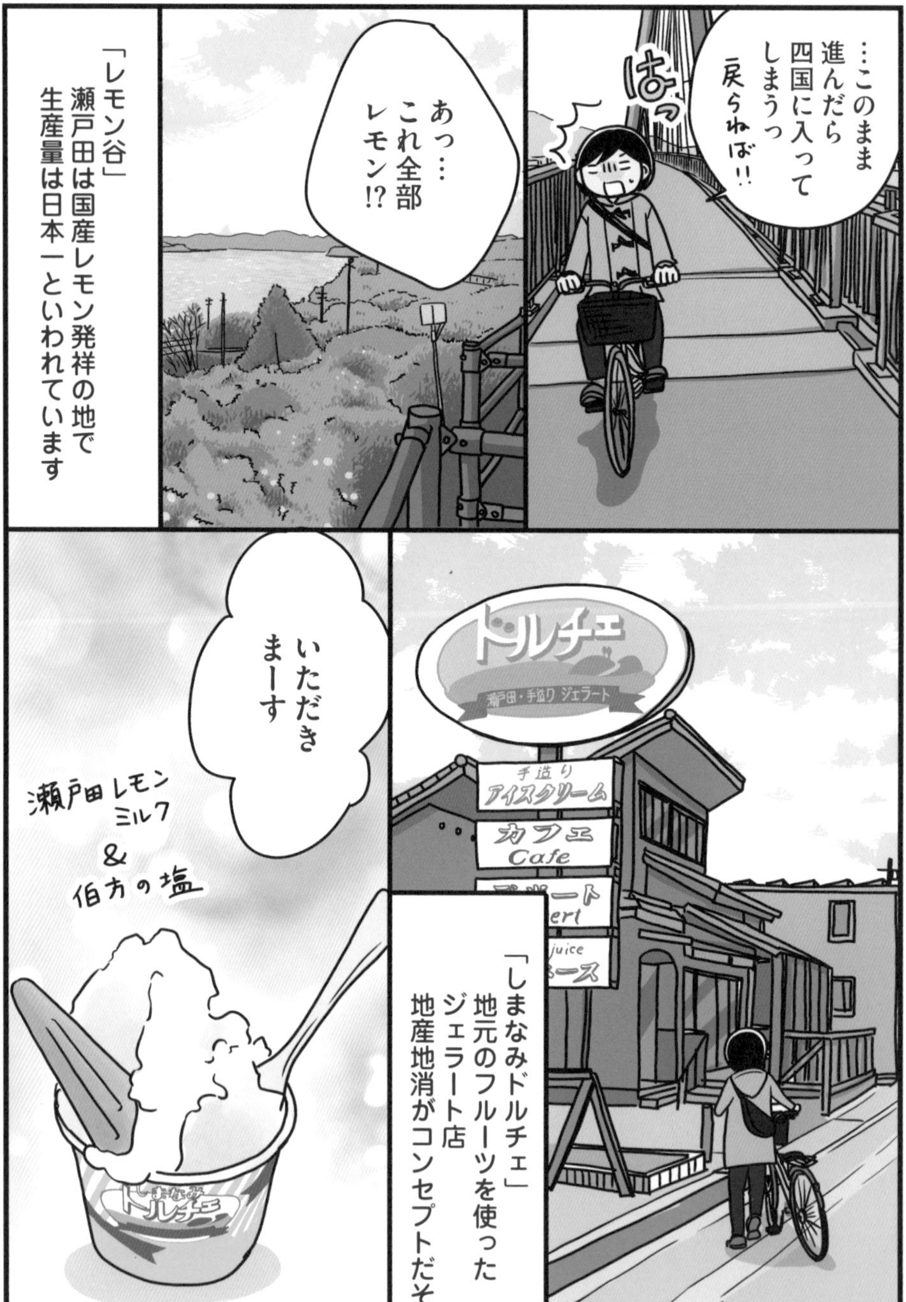
はっ
…このまま進んだら四国に入ってしまうっ戻らねば!!
あっ…これ全部レモン!?
「レモン谷」瀬戸田は国産レモン発祥の地で生産量は日本一といわれています
ドルチェ
瀬戸田・手造り ジェラート
手造り アイスクリーム
カフェ Cafe
「しまなみドルチェ」地元のフルーツを使ったジェラート店地産地消がコンセプトだそう
いただきまーす
瀬戸田レモンミルク & 伯方の塩
しまなみドルチェ

つかれがとれる!!
甘さひかえめでおいしい〜〜〜
よーし
ラストスパートがんばるぞ——
ゴール!!
島一周ゆっくり周って3時間くらいかかりました
船の出発時間まで「しおまち商店街」を探索しましょう

レモンが安い!!
一盛り200円!
さすが
レモンの島!!
はちみつ漬に
しよう
ふふふっ♡
「自転車カフェ&バー 汐待亭《しおまちてい》」
かつて郵便局などとして使われてきた
築250年の建物を改装したそう
Coffee

おばあちゃんちに来たような懐かしい気持ちにさせてくれる店内
瀬戸田産「みかん蜂蜜」が隠し味のカレーライス
濃厚でおいしい〜〜〜〜
もぐ
もぐ

濃い一日だったなぁ
いちばん印象に残ってるのは…
等活地獄!!
ちがうちがう!!
ぶんっ
ぶんっ
島の町並みとか
おいしいランチとか
ゴーカなお寺とか
あっきれいな夕日…
今まで見たなかでもとりわけ美しい夕日でした

汐待亭

どこか懐かしい店内と美味しい料理に、
時間を忘れて長居をしてしまいました。
また訪れたいお店のひとつです。

尾道には美味しいコーヒー店が
たくさんあるのですが、
こちらも例外ではありません。
幻のコーヒー“ゲイシャ”を
いただきました。

番外編
お泊り女子会in尾道
今回は友人2人と尾道の古民家を貸し切りにしてお泊まり女子会を開きました
締め切り明けまんが家
泊まりの旅行久しぶりじゃね〜
うしさん
ネコ好きOL
つばめさん
尾道LOVE
たのしみ!!
私（きなこ）

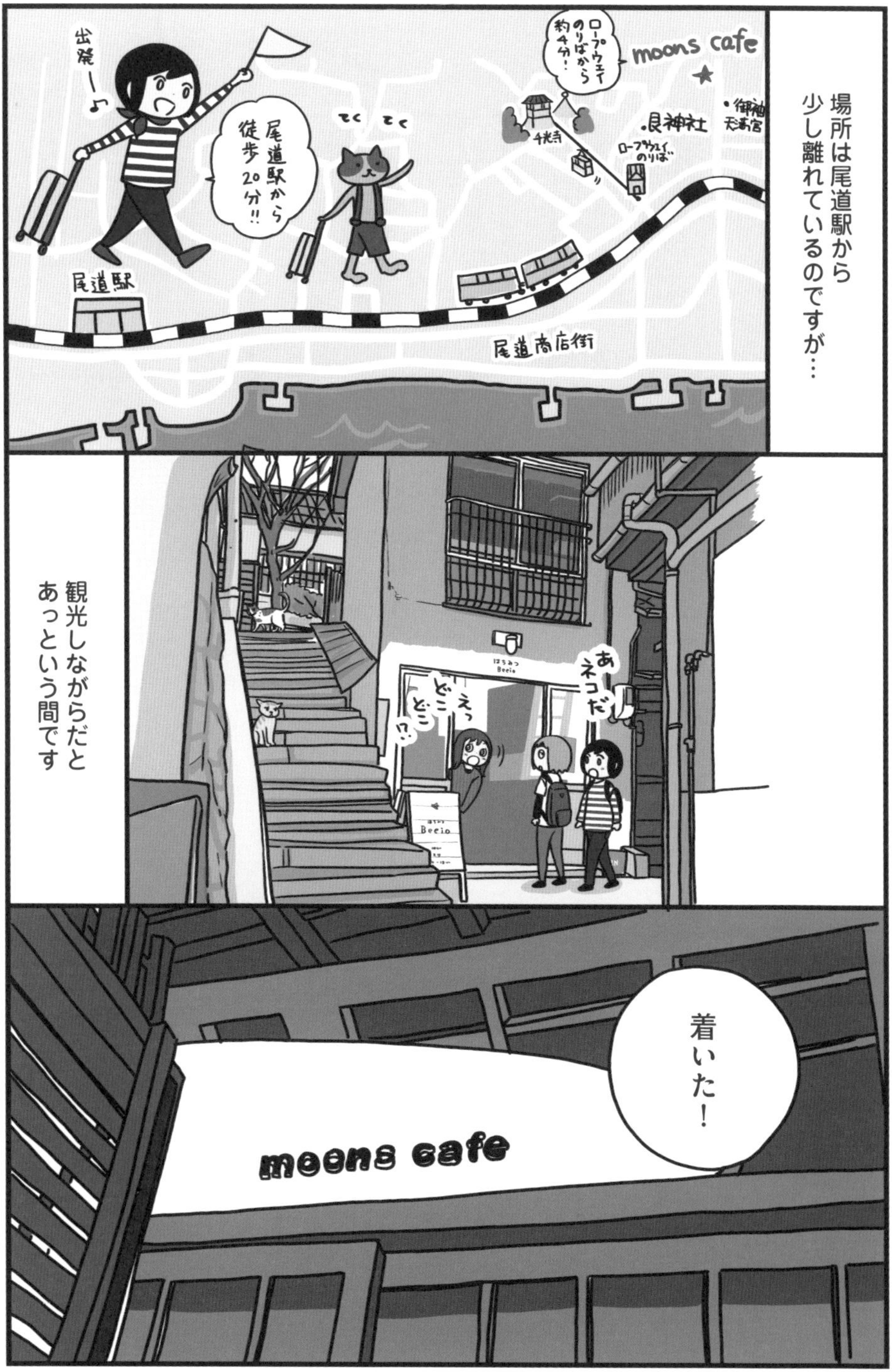
場所は尾道駅から少し離れているのですが…
出発ー♪
尾道駅から徒歩20分!!
てく てく
ロープウェイのりばから約4分!
moons cafe
・御袖天満宮
・艮神社
千光寺
ロープウェイのりば
尾道駅
尾道商店街
観光しながらだとあっという間です
あ ネコだ
えっ どこどこ!?
はちみつ Beeio
着いた!
moons cafe

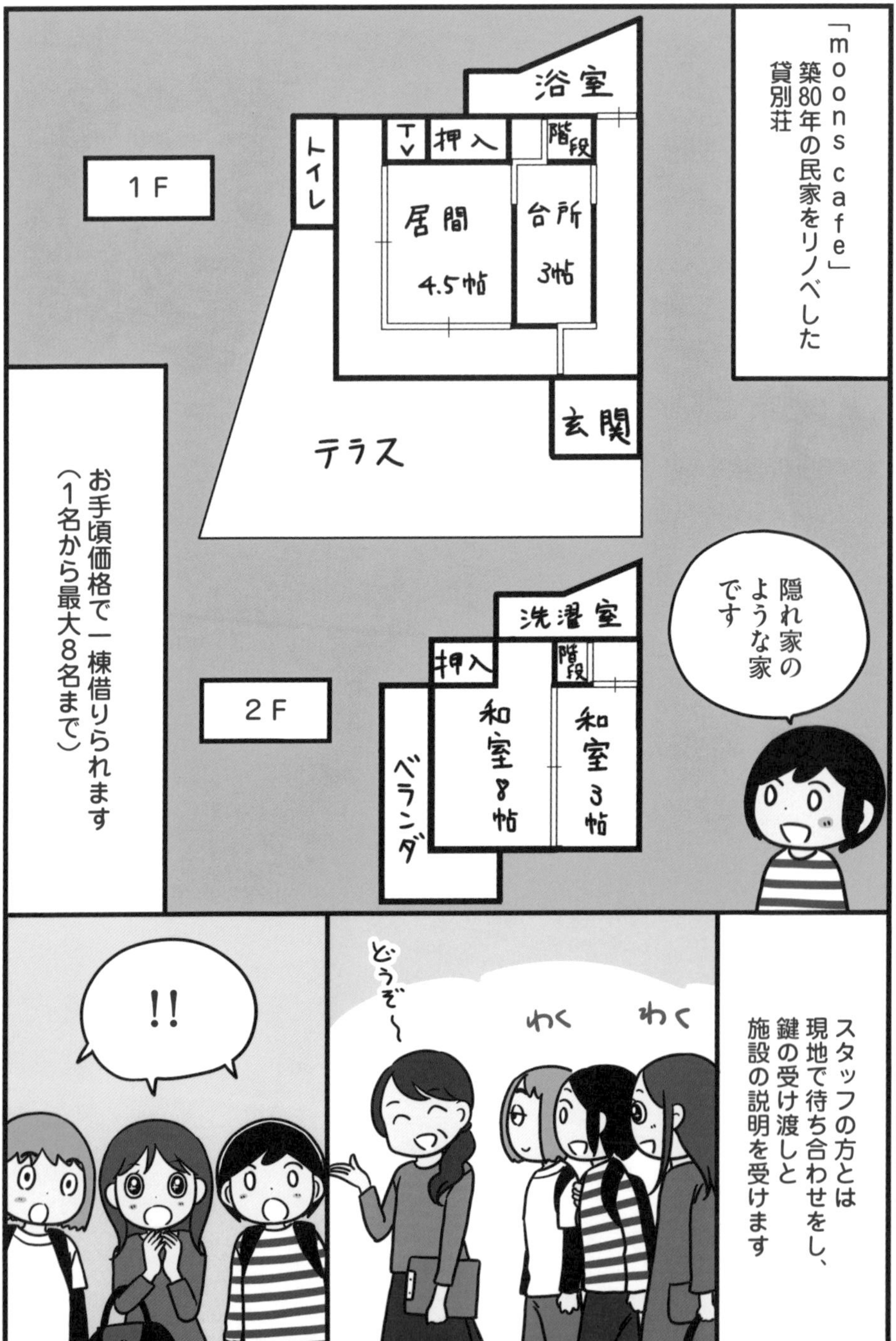
「moons cafe」
築80年の民家をリノベした
貸別荘
1F
浴室
トイレ
TV
押入
階段
居間
4.5帖
台所
3帖
テラス
玄関
お手頃価格で一棟借りられます
（1名から最大8名まで）
隠れ家のような家です
2F
洗濯室
押入
階段
和室8帖
和室3帖
ベランダ
スタッフの方とは現地で待ち合わせをし、
鍵の受け渡しと
施設の説明を受けます
どうぞ〜
わく　わく
!!

かわいい――っっ
冷蔵庫・IHコンロ・トースター・炊飯器などもそろっているので自炊もできます
ここ足伸ばせるよ〜
照明オシャレだね〜〜っ

部屋を囲むようにある
昭和レトロの縁側
ガラッ
お庭はタイル貼りのテラスになっていて
まったり過ごせそうです
ステキ〜〜〜♡

あとでここでお茶しようねっ
うん!!
おーい2階もいいよ～
行く行く～～!!
2階には昔ながらの和室が2部屋あります
急な階段だぁ
トン
トン
トン
くつろげるよ～

まった〜〜り〜
和室って おちつくねー
おばーちゃん家 思い出すなぁ
これから どうする?
とりあえず 観光 行こうか
おなじみ 千光寺や
ポンポン岩で 遊んで
いい景色〜
ね〜〜っ
ポン
ポン
夜は「こめどこ食堂」で コース料理をいただきました
カンパーーイ!!

さあ 次は…
おいしかった～っ
家呑みしよう！
お――っっ
お惣菜とお酒を買い込んで
カンパ――イ!!
（2回目）

普段 言えないようなことや
くだらないことで
盛り上がりました
この間
四十肩に
なってさ〜
あはは〜っ
バケツに
水入れて
回したら
楽になったよ
この家すごく
気に入った
〜〜っっ
ずっと
住みたい
〜〜っ
もぐ
もぐ
こういう旅も
いいね〜♡
まったり
できる〜
ゴロゴロしながら
呑めるのうれしい!

よし！そろそろお風呂入ろ――
そういえばお風呂まだ見てなかったっ
だっ
わあーっ
キレイに改装してある～～～♡
ドライヤーついてるのうれしい!!

お風呂
次どうぞー
いい湯
だったよ～
おふとん
敷いとくね
手伝うよ
なんか合宿
みたいだね
ね――

ちゅん
ちゅん
ひとりをのぞいて
就寝…
すや
すや
ぐーーっ
みんな寝つきがよくていいなあ…
おやすみ～
↑
まくらかわると
寝れない人
あれ？
おはよ
早いね～
おはよ～
おはよ
コーヒー
飲む？
昨日ドリップコーヒー買っといた
くん
くん
くん
飲むーっっ
コーヒーのいい香り♡

朝ごはん庭で食べよ！
いただきまーす！
ああ…しあわせ♡

チェックアウトまで
時間あるから
少し散歩行く？
うん
うしさんも
行…
寝かしとこう
しめきり
あけだから……
ぐーぐーっ
昆布
干してる～
ホントだ

大きな神社！
「御袖《みそで》天満宮」だよ
転校生で有名な
あ…
あ お財布持ってきてない…
私も…
神様手ぶらでごめんなさい
パン
パン

近くにこんな有名な神社があるなんて
ぜいたくだよねー
ただいまー
起きてる？
まだ寝てる…
スマホにぎりしめたまま…
ぐー
あのあと起きて誰もおらんけーまた寝たんだよ～
神社行ってきたんよ～
おしゃれな古民家でプチ尾道暮らしが体験できました

千光寺からの帰り道
ねこの集会に遭遇

最後まで
読んでくださって
ありがとうございます
ペコッ
愛犬レオ
ペコッ
この本を
描いている間も
何度も尾道を
訪ねました
扉がいっぱい!
何だろーここ
ノスタルジーを
感じつつも
行くたびに
新発見ができる
不思議な町です
原稿の進みが遅い私に
やさしく励ましの声を
かけてくださった担当様
ギクッ
原稿の方
どうですか?
ピロリーン
親切にしてくださった
尾道の方々
写真
とってあげるよ
一人じゃ
とれんじゃろ?
本当に
ありがとう
ございます
ニャー
ぜひ
この本を片手に
尾道を訪ねて
みてください

profile

柏木きなこ

（かしわぎ・きなこ）

広島生まれ広島育ちの漫画家&イラストレーター。
小学館新人コミック大賞佳作で漫画家デビューし、
エッセイや4コマ漫画から少女漫画まで幅広く執筆。
著者に『おかん』（マーガレットコミックス）ほか。

公式HP

日常を絵日記で更新し続けて15年目のブログ「きなこ激安中」
https://kinako.org/

尾《おの》道《みち》ねこ町《まち》さんぽ道《みち》

2020年4月24日 第1刷

著者 柏木《かしわぎ》きなこ
装丁 名和田耕平デザイン事務所
発行人 堅田浩二
DTP 松井和彌
発行所 株式会社イースト・プレス
〒101-0051
東京都千代田区神田神保町2-4-7久月神田ビル
tel 03-5213-4700 fax 03-5213-4701
https://www.eastpress.co.jp
印刷 中央精版印刷株式会社

ISBN978-4-7816-1871-5 C0095